Susanne Frankhauser / Ursula Müller-Wüstemann

GESCHENKE VERPACKEN

fantasievoll & schön

CHRISTOPHORUS

Susanne Fankhauser und Ursula Müller-Wüstemann zeigen in Seminaren und bei Vorführungen ihre Ideen zu verschiedenen Themen aus dem Bereich „Kreatives Gestalten", zum Beispiel zu Grußkarten, Geschenke verpacken und Perlenschmuck. Im Christophorus Verlag haben sie bereits mehrere erfolgreiche Bücher veröffentlicht.

VORWORT

Schenken macht Freude

Es muss nicht immer ein großes, kostspieliges Präsent sein. In einer liebevoll gestalteten Verpackung erzielt auch ein kleines Geschenk eine große Wirkung.

Papiere, Bänder und anderes Verpackungsmaterial ist in einer breiten Auswahl im Fachhandel erhältlich. Mit wenig Aufwand und günstigen Materialien, wie Seidenpapier, Geschirrtuch oder Wellpappe, erhalten auch unförmige Gegenstände die richtige Hülle. In Röhren passen vor allem schmale Geschenke, wie Flaschen, Schreibutensilien oder ein zusammengerollter Gutschein.

In diesem Buch werden Sie viele Anregungen finden, lassen Sie sich inspirieren. Und wenn Sie nicht genau die gleichen Materialien erhalten, die wir verwendet haben – kein Problem. Suchen Sie sich etwas Ähnliches aus und variieren Sie unsere Vorschläge. Sie werden sehen, nachher ist das Geschenk viel zu schade zum Auspacken!

Viel Freude beim Einpacken und Schenken wünschen

Susanne Fankhauser

Ursula Müller-Wüstemann

SO GEHTS

Rechteckige Verpackungen

Kartons oder Bücher lassen sich gut in Papier einpacken. Das Papier sollte auf den Seiten nicht mehr überstehen, als die Höhe des Päckchens beträgt. Zuerst immer von der Seite her einschlagen, dann von unten und zuletzt von oben. Mit doppelseitigem Klebeband können Sie unsichtbar kleben, wenn Sie es zwischen den Papieren anbringen.

Papierquasten

Papierquasten lassen sich schnell passend zum Geschenkpapier herstellen, eventuell sogar aus dem gleichen Papier.
Dazu einen Papierstreifen in kurzen Abständen einschneiden, eng um die Schnur herum aufrollen und fixieren.

Röhren-Verpackungen

Für Röhren-Verpackungen benötigen Sie immer zwei gleich große Böden oder Deckel einer Dose, z. B. Spanschachtel. Die Höhe kann dann dem Gegenstand angemessen werden. Karton in den Deckel stellen und den richtigen Umfang anzeichnen. Dann die Naht kleben und bis sie getrocknet ist mit Büro- oder Wäscheklammern fixieren.

Schleifen binden

Bänder mit Drahtkanten eignen sich besonders gut zum Schleifen binden, da die einzelnen Schlaufen schön ausgeformt werden können. Für eine schöne volle Schleife benötigen Sie etwa 1-1,5 m Band.

1 Am Anfang 15-20 cm Band stehen lassen und eine Schlaufe zur Mitte hin legen.

2 Eine zweite Schlaufe zur Mitte legen.

3 Alle weiteren Schlaufen genauso legen. In der Mitte mit Daumen und Zeigefinger halten, bis das Ende nur noch 15-20 cm lang ist.

4 Mit Bindedraht alle Schlaufen in der Mitte fest abbinden und schön ausformen, dass eine üppige Schleife entsteht.

Ziehharmonika-Schleifen

Für diese Art von Schleifen eignen sich gut einseitig bedruckte Bänder.

1 Bandanfang hinten stehen lassen und eine Schlaufe über den Zeigefinger legen. Mit Daumen und drittem Finger halten.

2 Den Bindedraht nicht von der Spule abschneiden, ebenfalls mit dem Daumen festhalten und nach hinten um die Schlaufe wickeln. Bei der ersten zweimal herum schlingen.

3 Eine neue Schlaufe über den Zeigefinger nach vorne legen und dabei darauf achten, dass die zweite Schlaufe direkt an die erste anschließt.

4 Wieder abbinden und die nächste Schlaufe legen, bis die gewünschte Anzahl erreicht ist.

MATERIAL

Zauberhut

- *Deko-Hut in Schwarz*
- *je 1 Bogen Seidenpapier in Violett, Lila, Pink*
- *Kordel*

Rechteckiges Geschenk

- *Geschenkpapier in Schwarz*
- *Band mit Herzen*
- *Fransenkordel in Pink*
- *doppelseitiges Klebeband*
- *Klebepads*

Zauberhut

Für den Zauberhut Seidenpapier quadratisch zuschneiden. Alle drei Lagen aufeinander legen und das Geschenk leicht neben der Mitte darauf stellen. Alle Ecken nach oben legen und satt über dem Inhalt mit der Kordel zubinden. In den Hut stellen und das Seidenpapier zurechtziehen.

Ein rechteckiges Geschenk einpacken. Herzband längs darum legen und mit Klebstreifen fixieren. Die Schleife nach Anleitung auf Seite 5 anfertigen, dabei das Herzband und die Fransenkordel gleichzeitig binden. Mit einem Klebepad auf das Paket kleben.

Für Groß & Klein

Abbildung & Materialangaben Seite 8/9

Den farbigen Chenilledraht um das orangefarbene Päckchen legen und jeweils eine Schleife binden. Das Lätzchen aus Tonpapier oben einschneiden und am Geschenk ineinander stecken.

Auf das grüne Päckchen mit dem Plusterpen Sternblumen aufmalen. Dazu einen Tupfer Farbe auftragen und mit einem Zahnstocher nach außen ziehen. Dann den grünen Punkt in die Mitte setzen. Nicht aufföhnen.
Für die Quaste einen Streifen Papier (etwa 5 x 25 cm) fein einschneiden, fest einrollen und an das Band kleben.

Beim blauen Päckchen ebenfalls mit dem Plusterpen Muster aufmalen. Nicht aufföhnen. Dann mit Kräuselband zubinden.

Für Groß & Klein

MATERIAL

Orangefarbenes Päckchen

- Packpapier in Orange
- Tonpapier in Violett
- Chenilledraht in Gelb, Pink, Hellgrün, Orange, Violett,
- Holzanhänger „Bär“

Grünes Päckchen

- Packpapier in Grün
- Kräuselband in Hellgrün
- Plusterpen in Weiß, Gelb, Orange, Grün
- Zahnstocher

Blaues Päckchen

- Packpapier in Blau
- Kräuselband in Weiß, Hell-, Dunkelblau
- Plusterpen in Weiß, Blau

VORLAGE A

ANLEITUNG *Seite 6*

Sven
I
Love You

Schnell & pfiffig

MATERIAL

Päckchen in Gelbgrün

- Geschenkpapier in Grün
- Alu-Folie, 0,15 mm
- weicher Alu-Draht, 2 mm
- feiner Silberdraht

Kleckse in Schwarzweiß

- Glanzpapier in Weiß
- Klebefolie in Schwarz
- weicher Alu-Draht, 1,2 mm
- Alu-Folie, 0,15 mm (Etikett)
- Sticker „Happy Birthday" in Schwarz
- doppelseitiges Klebeband

Regenbogen-Päckchen

- Glanzpapier in Regenbogenfarben
- Chenille-Schnur in Blau
- Marabufedern in Grün
- Sticker „Love"

VORLAGE B

Kleckse aus Alu-Folie bzw. schwarzer Folie ausschneiden und mit doppelseitigem Klebeband befestigen.

Happy Birthday

Farbenfrohe Schachteln

MATERIAL

Große Schachtel

- 50 x 70 cm Wellpappe in Regenbogenfarben
- je 2,5-3 m Kräuselband in passenden Farben
- Alleskleber

Schachtel mit Perlen

- Wellpappe in Gelb
- je 4 Holzperlen in Weiß, 6, 8, 10 mm Ø
- Gummikordel in Weiß, 1,5 mm
- doppelseitiges Klebeband

Schachtel in Dunkelgelb

- Tonkarton in Dunkelgelb
- matte Kräuselbänder in Weiß, Orange, Blau, Grün

Schachtel in Zitronengelb

- Glanzkarton in Zitronengelb
- glänzende Kräuselbänder in Hell-, Dunkelgrün, Hell-, Dunkelblau

VORLAGEN C1 – C3

Karton nach Vorlage zuschneiden, falten und Seitenteile kleben.

Für den Perlenverschluss am Unterteil an vier Seiten Gummikordel einknüpfen. Holzperlen aufziehen und zum Verschließen in die Schlitze am Oberteil stecken.

Bunte Röhren

MATERIAL

- gemusterter Tonkarton
- runde Kartonschachteln in verschiedenen Größen
- Bast, Bänder, Kordel oder Lamettaband
- Holzperlen
- Kraftkleber

ANLEITUNG *Seite 4*

Mit verschiedenen Bändern und Kordeln verschnüren.

MATERIAL

Linker Topf

- *Blumentopf, 10 cm Ø am Boden*
- *25 x 13 cm Stretch-Wellpappe in Regenbogenfarben*
- *je 1 m Twist-Art-Kordel in Weinrot, Petunie*
- *Lochzange*

Rechter Topf

- *35 x 35 cm Wellpappe in Regenbogenfarben*
- *Chenille-Kordel in passender Farbe*
- *Zierrandschere*

VORLAGE D

Blumentöpfe

Für den linken Topf den oberen Rand der Stretch-Wellpappe bogenförmig abschneiden. Rundherum und an den Seiten Löcher ausstanzen.
Die Twist-Art-Kordel durch die Löcher ziehen und gleichzeitig an den Seiten zusammennehmen. Schleifen binden und die Kordeln vereinzelt aufdrehen.

Für den rechten Topf den Mittelkreis der Vorlage dem Topfboden anpassen und die Vorlage mit der Zierrandschere zuschneiden. Bänder einweben und Schleifen binden.

Zum Wohl!

MATERIAL

Linke Flasche

- *je 1 Bogen (50 x 70 cm) Waschbrett-Wellpappe in Grün, Gold*
- *2 Mustertütenklammern*

Mittlere Flasche

- *Bogen (50 x 70 cm) Wellpappe in Natur*
- *verschiedene Bänder zum Einweben*
- *Gummiring*
- *Bast*
- *Zierrandschere*

Rechte Flasche

- *je 1 Bogen (50 x 70 cm) Wellpappe in Natur, Schwarz*
- *1 m Jutekordel in Natur*
- *40 cm Papierkordel in Schwarz*
- *doppelseitiges Klebeband*
- *Zierrandschere*

VORLAGE E

ANLEITUNG *Seite 20*

Lieber
Peter
zu Deinem
50. wünschen
wir Dir alles, alles
Gute
Susanne +
Daniel
Prost

MATERIAL

Backblech

- Küchen-Frotteetuch
- Holzwäscheklammern
- Kuhlocher oder Streuteile
- Teigschaber
- Backpinsel
- Satinband
- Sicherheitsnadel
- Alleskleber

Geschirrtuch

- Geschirrtuch
- Wäscheklammern in Blau
- breites Satinband in Blau
- schmales Satinband in Blau

Für die Küche

Das Tuch um das Backblech schlagen und mit den Wäscheklammern halten. Kühe aufkleben. Schaber und Pinsel mit Satinband zusammenbinden und mit der Sicherheitsnadel befestigen.
Mit dem Geschirrtuch einen Gegenstand, z. B. Topf oder Krug, einwickeln und das Tuch mit den Klammern befestigen. Mit den Bändern verschnüren.

Zum Wohl!

Abbildung & Materialangaben Seite 18/19

Die Vorlage der Flaschengröße anpassen. Dazu den Mittelkreis etwas größer als den Faschenboden machen. Die Seitenstreifen sollten etwa so lang sein, wie die Flasche hoch ist. Streifen an den Boden ankleben.
Für die linke Flasche aus einem Papierrest Streifen schneiden: 1,5 x 30 cm und 2,5 x 35 cm in Grün, 1,5 x 35 cm in Gold. Das lange grüne Band unten zwischen die Streifen legen, das goldene außen herum führen. Mit Mustertütenklammern verschließen.
Die mittlere Flasche auf den Boden stellen und die Streifen an der Flasche nach oben biegen und mit einem Gummiring festhalten. Verschiedene Bänder einweben.
Für die rechte Flasche Wellpappe in Natur und Schwarz nach der Vorlage zuschneiden. Dabei jeden zweiten Streifen weglassen. Die Böden versetzt übereinander kleben. Bei jedem Streifen etwa 5 cm unter der Spitze ein Loch für die Kordel ausstanzen. Die Streifen nach oben biegen und jeweils zwei übereinander legen. Kordel durchziehen und zubinden.

Pralinen & Schokolade

MATERIAL

Linke Dose

- 2 Spandosen-Deckel, 10 x 10 cm
- Windradfolie, transparent, 0,2 mm
- Bilderösen
- Gummikordel in Gold
- Acrylfarbe in Gold
- Alleskleber

Rechte Dose

- 2 Spandosen-Deckel, 15 x 12 cm
- Windradfolie, transparent, 0,2 mm
- Tortenspitze in Weiß, rechteckig
- Acrylfarbe in Weiß
- Alleskleber

Schokolade

- Geschenkpapier
- verschiedene Sticker
- Klebeschriften

ANLEITUNG Seite 24

WIR SIND GUTE FREUNDE!
A B C
KLEIN ABER OHO!
Viel Glück
ALLES GUTE!
Viel Glück
Viel Glück
1 2 3
WIE ÖDE!
OLI

MATERIAL

CD-Hülle

- *Wellpappe in Pink*
- *Edelbast in Blau*
- *Fotokarton in Blau*
- *Glitter-Liner in Pink*
- *Motivlocher „Noten"*
- *Lochzange*

Blaues Buch

- *Seidenpapier in Blau, Pink, Lila*
- *Band in Violett*
- *Federn in Pink, Weiß*
- *doppelseitiges Klebeband*

VORLAGEN F1 – F2

Buch & CD

Für die CD-Hülle Wellpappe nach der Vorlage zuschneiden und falzen. Die Löcher für den Verschluss ausstanzen und die Kanten mit dem Glitter-Liner verzieren. Gut trocknen lassen. Die Musiknoten ausstanzen und aufkleben. Die CD einpacken, den Bast wie Schuhbändel einziehen und verschnüren. An der Schleife vorsichtig auseinander ziehen.

Das Buch (oder ein anderes Geschenk) in blaues Seidenpapier einpacken, dabei je einen Streifen in Pink und Lila unterlegen und mit Klebestreifen fixieren. Eine kleine Schleife binden (Seite 5) und zusammen mit den Federn aufkleben.

Pralinen & Schokolade

Abbildung & Materialangaben Seite 22/23

Für die Pralinendosen die Deckel bemalen. Windradfolie zuschneiden und vorbereiten wie auf Seite 4 beschrieben.
Für die weiße Dose von der Tortenspitze den Rand abschneiden und in die Dose stellen, eventuell festkleben.
Bei der goldenen Dose an Deckel und Boden auf den Innenseiten je drei Ösen festkleben. Die Gummikordel durchziehen.

Die Schokoladentafel in Geschenkpapier einpacken und dem Anlass entsprechend mit Stickern bekleben.

MATERIAL

Bonbon-Dose

- *2 Metallgießformen für Schmelzgranulat, 6,5 cm Ø (Deckel, Boden)*
- *0,15 x 200 x 300 mm Alu-Folie*
- *weicher Alu-Draht, 1,2 mm*
- *Metallprägestift*
- *Metallösen*
- *Kraftkleber*
- *weiche Unterlage, z. B. Moosgummi oder Frotteetuch*

Alu-Tüte

- *Alu-Folie, 0,15 mm*
- *Zierrandschere*
- *Motivlocher*

Alu-Schachtel

- *Bogen Alu-Folie, 0,15 mm*
- *weicher Alu-Draht*
- *Prägestift*
- *Unterlage*
- *Ösen als Verschluss*

VORLAGEN G1 – G3

Süße Musik

Für die Bonbon-Dose die Vorlage auf Papier kopieren und auf die Alu-Folie legen. Moosgummi oder Frotteetuch unterlegen. Konturen in die Alu-Folie einprägen. Folie von der Gegenseite weiter prägen, unschöne Knicke mit einem Löffel glätten.
Passend zum Deckel die Folie vorsichtig zu einer Rolle formen. Naht mit einer Öse heften oder kleben. Aus Alu-Draht eine Kordel drehen, oben durch die Löcher führen und über dem Deckel verschlingen. Einzelne Prägeteile ausschneiden und mit etwas feinem Draht anhängen.

Die CD-Hülle nach der Vorlage zuschneiden und prägen, wie bei der Dose beschrieben. Anschließend zusammenfalten. Öse eindrücken und aus Alu-Draht ein Z als Verschluss formen.

Die Tüte nach der Vorlage mit der Zierrandschere zuschneiden und falten. Mit dem Locher am Rand Motive ausstanzen. Die Tüte füllen und ineinander stecken.

MATERIAL

Asia

- *2 Spandosen-Böden, 15 x 12 cm*
- *A3-Windradfolie, 0,2 mm*
- *A4-Transparentpapier in Bordeaux*
- *3 Pinstecker*
- *1,20 m Kordel in Schwarz*
- *Cutter*
- *Alleskleber*

Alugeflecht

- *2 Spandosen-Deckel, 10 cm Ø*
- *30 x 30 cm Modelliergeflecht*
- *30 x 30 cm transparente Windradfolie, 0,2 mm*
- *2 x 35 x 2 cm transparente Windradfolie, 0,2 mm*
- *Kraftkleber*
- *Heftklammern*

Liegende Röhre

- *2 Spandosen-Böden, 9 cm Ø*
- *Windradfolie in Schwarz*
- *80 cm Kordel in Grauschwarz*
- *2 x 2 cm Cannastäbe*

VORLAGE H

Vielseitige Röhren

Für die Röhre „Asia" die Windradfolie zuschneiden (Seite 4) und in den Spandosen-Boden kleben. Transparentpapier mit chinesischen Zeichen auf dem Kopierer bedrucken. Lose in den Boden stellen und den zweiten Spandosen-Boden als Deckel aufkleben. Pin an den Verschlussklappen befestigen. Kordel in der Mitte knöpfen und am mittleren Pin einhängen. Um die Dose schlingen und an den anderen Knöpfen befestigen.

Das Alugeflecht auf die Windradfolie legen und miteinander verarbeiten wie auf Seite 4 beschrieben. Die Naht mit Heftklammern heften, nicht kleben. Transparente Streifen an der Bodenseite festkleben und nach oben führen. Oben in der Mitte einseitig einschneiden und ineinander schieben.

Die Vorlage für die liegende Röhre einschließlich der beiden Einsatzstreifen auf Windradfolie übertragen und ausschneiden. Die gestrichelten Linien leicht mit dem Falzbein einritzen und nach außen biegen. Achtung: Die Windradfolie nicht zu stark falten, da sie leicht bricht! Verschlussklappe einschneiden und Löcher ausstanzen. Zur Rolle formen, in die Böden einpassen und festkleben. Die Einsatzstreifen beidseitig in die Röhre schieben und befestigen. Diese Streifen dienen als Auflage für den Deckel.
Kordel zur Mitte legen, durch alle vier Löcher ziehen und um die Röhre zuziehen. Kordelenden durch die Schlaufe vom Anfang (Kordelmitte) stecken und die Cannastäbe einkleben.

MATERIAL

Fächer

- *Geschenkpapier in Gold*
- *Wellpappe in Schwarz*
- *Effektdraht in Gold*

Noten

- *Geschenkpapier mit Musiknoten*
- *Tonkarton in Schwarz*
- *Kordel in Gold*
- *Goldfransen*
- *Goldstift*
- *doppelseitiges Klebeband*

Für Musikfreunde

Für die Verpackung mit dem Fächer CD in goldenes Papier einpacken und einen Streifen schwarze Wellpappe darum kleben. Vom Geschenkpapier einen Streifen von 6 x 20 cm zuschneiden und zu einem Fächer falten. Den Wellpappestreifen mehrmals mit dem Draht umwickeln und dabei den Fächer fixieren. Den Fächer in der Mitte zusammenkleben.

CD in Geschenkpapier mit Noten einpacken. Die Goldkordel und die Goldfransen darum wickeln und mit Klebstreifen auf der Rückseite festkleben. Ein Schildchen anfertigen, beschriften und anhängen.

für Marco

MATERIAL

Schriftrolle

- *2 Spandosen-Böden, 4,5 cm Ø*
- *A4-Transparentpapier*
- *A4-Kopierpapier in Weiß*
- *Miniklammer in Silber*
- *Silberdraht, 0,4 mm*
- *Spray oder Farbe in Silber*
- *Alleskleber*

Päckchen

- *festeres Geschenkpapier in Schwarz*
- *Kordel in Silber*
- *Deko-Kette in Silber*
- *Glanzkarton in Schwarz*
- *Stempel oder Stift in Silber*
- *Craquelle-Medium*
- *Dekolack in Weiß*
- *Pinsel*
- *doppelseitiges Klebeband*

Edel in Schwarzweiß

Für die Schriftrolle die Spandosen-Böden in Silber besprühen oder bemalen. Auf das weiße Papier die Schrift kopieren oder selbst schreiben.
Einen Bogen Transparentpapier darüber legen und zusammen längs einrollen. Spandosen beidseitig aufstecken. Klammer oben aufkleben. Die Rolle mit Silberdraht locker einwickeln.

Für das Päckchen schwarzes Papier mit Craquelle-Medium einstreichen und trocken föhnen. Weiße Farbe zügig darüber streichen (nur einmal). Der Craquelle-Effekt tritt sofort ein. Gut trocknen lassen, bevor Sie das Papier zum Verpacken verwenden. Kordel und Kette anbringen. Schrift auf den Glanzkarton stempeln oder mit Silberstift selbst schreiben. Mit Doppelklebeband seitlich aufkleben.

Alles Gute zum
Geburtstag

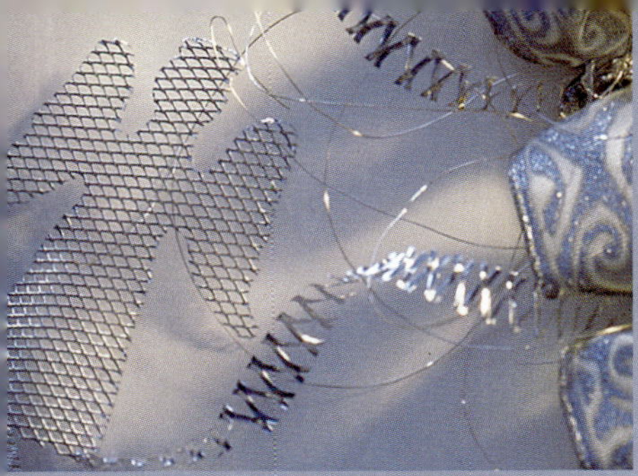

MATERIAL

Karomuster

- *Packpapier in Hell-, Dunkelgrau*
- *Klebeband*

Engel

- *Geschenkpapier in Creme*
- *Deko-Band*
- *Reste von Modelliergeflecht*
- *feiner Silberdraht*

VORLAGE J

Zu Weihnachten

Das Karomuster entsteht, indem Sie zwei verschiedenfarbige Papiere einschneiden und ineinander schieben. Dazu beim dunkelgrauen Papier längs 2,5 cm breite Streifen einschneiden. Das hellgraue Papier genauso breit quer einschneiden, dabei aber rundum einen Rand von etwa 3 cm stehen lassen. Die Papierstreifen verweben und das Geschenk einpacken.
Für das Namensschild einen 3 cm breiten Streifen in Dunkelgrau auf einen etwas breiteren hellgrauen kleben, beschriften und am Päckchen anbringen.

Das untere Geschenk in cremefarbenes Papier einpacken. Für die Schleife dreimal eine Schlaufe mit Silberdraht abbinden und die Drahtenden stehen lassen (Seite 5). Das Band um das Päckchen legen. Aus Modelliergeflecht einen Engel ausschneiden und anhängen. Zusätzlich einen Streifen aus Geflecht einziehen.

TIPP

Namensschilder lassen sich per Hand, mit Klebebuchstaben, einer Schablone oder dem Computer beschriften.

STEFAN

MATERIAL

Herzdose

- *2 Spandosen-Deckel, 10 cm Ø*
- *30 x 30 cm Wellpappe in Schwarzweiß*
- *Modelliergeflecht, grob*
- *Twist-Art-Kordel in Schwarz*
- *Acrylfarbe in Schwarz*
- *Kraftkleber*

Schriftzeichen zusätzlich

- *Bindedraht in Schwarz oder Blau geglüht*
- *Schaschlikstäbe*

Tasche zusätzlich

- *2 Mustertütenklammern*
- *Twist-Art-Kordel in Weiß*

VORLAGEN K1 – K3

Von Herzen

Für die Herzdose die Deckel schwarz bemalen. An der Bodenseite zwei Löcher für die Twist-Art-Kordel anbringen. Herzen aus dem Karton ausschneiden und das Modelliergeflecht von hinten aufkleben. Röhre zusammenkleben und in den Boden montieren. Aus Modelliergeflecht eine Rolle (5 x 10 cm) formen und auf den Deckel kleben. Die Twist-Art-Kordel stellenweise aufdrehen und oben durch die Rolle fädeln. Als Dekoration Herzen und Schriftzeichen aus Karton und Modelliergeflecht anhängen und ankleben.

Die Dose mit Schriftzeichen wird genauso gearbeitet wie die Herzdose. Anstelle von Twist-Art-Kordel schwarzen oder blau geglühten Bindedraht verwenden. Oben mit Schaschlikstäben zudrehen.

Für die Tasche mit einer Ahle oder einem Handbohrer in jeden Spandosen-Deckel ein Loch für die Tütenklammern bohren. Dann die Deckel schwarz bemalen. Karton nach Vorlage ausschneiden und in beide Böden kleben. Aus den Twist-Art-Kordeln einen Zopf flechten und als Träger befestigen.

MATERIAL

Linkes Päckchen

- *Strohseide in Weiß*
- *Tüllband mit Glitter*
- *Flachdraht in Silber*
- *Streuherzen in Silber*
- *Federn in Weiß*

Rechtes Päckchen

- *Schmucketui*
- *Strohseide in Weiß mit Silberfäden*
- *Kokosfaser*
- *Satinrundkordel in Weiß*
- *Bouillondraht in Silber*
- *transparente Facettenperlen in verschiedenen Formen und Größen*
- *Pergamentpapier in Weiß-Melange*

VORLAGE L

Zur Hochzeit

Für das linke Päckchen Geschenk in weiße Strohseide einpacken und das Tüllband darum binden. Den Draht um einen Stift spiralförmig aufwickeln, am Tüll befestigen und an den Enden die Federn ankleben. Die Silberherzen ebenfalls aufkleben.

Für das rechte Päckchen das Schmucketui in Strohseide einpacken. Kokosfaser leicht darum legen und mit der Rundkordel zweimal umschlingen. Beide Bandenden in die Hand nehmen und einen Knoten machen. Die Enden jeweils mit einem Spiralknoten abschließen.
Bouillondraht oben einhängen und Perlen über einen oder beide Drähte ziehen.

Anfang

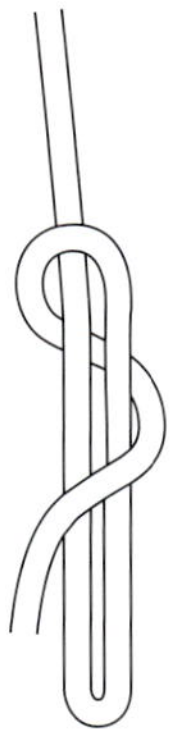

Spirale zuletzt nach unten zusammenschieben

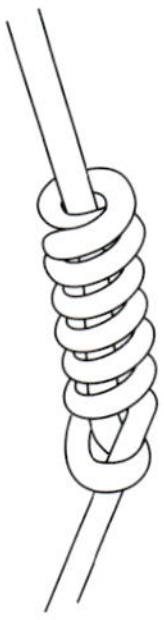

TIPP

Zur Hochzeit ist ein Geschenkanhänger in Herzform immer schön. Wer mit seiner Handschrift nicht so zufrieden ist, druckt den Text mit dem Computer aus.

MATERIAL

Linke Tüte

- *Strohseide in Natur*
- *60 cm Band*
- *2 Cannastäbe*
- *Alleskleber*

Röhre

- *2 Spandosen-Deckel, 10 cm Ø*
- *30 x 30 cm Wellpappe in Natur*
- *A4-Transparent-Papier in Beige*
- *Naturbast*
- *4-5 cm Cannastab in Natur*
- *Kraftkleber*
- *Lochzange oder Stanzer*
- *Buchstabenschablone*

Rechte Tüte

- *Naturpapier*
- *Wellpappe-Kreis in Natur, 4 cm Ø*
- *etwas Bast in Natur*
- *3 Federn*
- *Mustertütenklammer*
- *Alleskleber*

VORLAGE M

Naturpapiere

Die linke Tüte nach der Vorlage M zuschneiden, dabei die Spitze weglassen. Falten und an Seite und Boden kleben. Oben zweimal umschlagen. Mit dem Messer Schlitze einschneiden und Stäbchen durchstecken. Band lose darüber schlingen.

Für die Röhre zuerst den Buchstaben aus dem Karton herausschneiden. Transparent-Papier auf der Innenseite ankleben. Karton in den Deckel stellen und richtige Größe anzeichnen. Naht kleben und bis zum Trocknen mit einer Büro- oder Wäscheklammer fixieren. Im Boden auf beiden Seiten vorsichtig ein Loch stanzen und den Bast einhängen. Röhre in den Boden kleben. Auf dem Deckel den Cannastab anbringen und den Bast von beiden Seiten durchziehen.

Die rechte Tüte nach der Vorlage M zuschneiden, alle gestrichelten Linien falten und am Boden und an den Seiten zusammenkleben. Federn und Bast an den Kreis kleben und Klammer durchstecken. Obere, vordere Hälfte der Tüte nach unten legen und mit der Klammer festhalten.

TIPP

Beide Tüten lassen sich beliebig vergrößern und so fast jedem Geschenk anpassen.

S

MATERIAL

- Packpapier in Natur
- Packschnur
- Etikett
- Plusterpen in beliebigen Farben
- Holzblumen

VORLAGE N

Pluster-Blumen

Paket einpacken und verschnüren wie ein Postpaket. Blumen von der Vorlage übertragen und mit Plusterfarbe ausmalen. Trocknen lassen und dann mit dem Föhn aufplustern. Etikett beschriften und anhängen.

TIPP

Bei Hitze empfindlichem Inhalt zuerst föhnen, dann einpacken.

Tierfell

Abbildung & Materialangaben Seite 46/47

Für das linke Päckchen Geschenk in Strohseide einschlagen. Vom Zebra-Papier entsprechend der Größe des Geschenks zwei Quadrate mit 7 cm Größenunterschied zuschneiden. Diagonal falten und darauf achten, dass die Streifen nicht in die gleiche Richtung laufen. Wie ein Dreieck um die Schachtel legen und ankleben.
Drei Bastfäden waagerecht binden, drei Fäden hinten einhängen und nach vorne legen. Alle Fäden zusammenbinden. Cannastab auf die Enden fädeln und verknoten.

Die Schachtel für das mittlere Päckchen zuschneiden, falzen und kleben. Mit Bast umwickeln und die Holzkugeln auf die Bastenden reihen. Die Feder aufkleben.

Für das rechte Päckchen die Vorlage C3 (Deckel) je einmal aus schwarzem Tonkarton und Tiger-Karton zuschneiden und ineinander stecken.

Für
Sarina
von Omi
Absender: Envoi de: Mittente: Spediteur:
fco.

MATERIAL

Umschlag

- *30 x 40 cm Moonrock-Papier in Türkis*
- *1 m Twist-Art-Kordel in Ivory*
- *0,5 m Twist-Art-Kordel in Piniengrün*
- *Zierrandschere*
- *Alleskleber*
- *dicke Wollnadel oder Vorstechahle*

Beutel

- *30 x 38 cm Moonrock-Papier in Cognac*
- *1,3 m mehrfarbige Kordel*
- *Alleskleber*
- *Lochzange*
- *Zierrandschere*

VORLAGEN 01 – 02

TIPP

Umschlag und Beutel eignen sich sehr gut als Verpackung für Bücher. Auf das Etikett können Sie schreiben: „Genieße ein paar schöne Stunden!“

Umschlag & Beutel

Für den Umschlag das Papier nach der Vorlage 01 zuschneiden, falten und kleben.
Mit der Nadel auf jeder Seite acht Löcher vorstechen, beide Kordeln durchziehen, verknüpfen und die Kordeln etwas aufdrehen.
Für den Verschluss zwei Löcher stechen, die weiße Kordel einziehen und eine Schleife binden.

Die Vorlage 02 für den Beutel übertragen und ausschneiden. Dabei für die obere Kante die Zierrandschere verwenden. Seitlich 2 cm Naht übereinander kleben. Am Boden das Papier ebenfalls einschlagen wie für ein Paket und festkleben.
Für den Verschluss zwei Löcher ausstanzen. Etikett auf die Kordel ziehen, Kordel durch die Löcher fädeln und mit einem Knoten sichern.

Stunden
Alles Gute

Tierfell

MATERIAL

Linkes Päckchen

- Strohseide in Braun
- Zebra-Papier
- Bast in Natur
- 3 cm dünner Cannastab

Mittleres Päckchen

- Leopard-Karton
- Naturbast
- Holzkugeln
- Federn in Braun

Rechtes Päckchen

- Tiger-Karton
- Tonkarton in Schwarz

VORLAGEN P, C3

ANLEITUNG *Seite 42*

Weitere Titel aus dieser *CHRISTOPHORUS-Reihe*

IMPRESSUM

© 2002
Christophorus-Verlag GmbH
Freiburg im Breisgau

Printed in Germany
ISBN 3-419-53242-3

Textredaktion:
Ursula Brunn-Steiner, Groß-Gerau

Styling und Fotos:
Roland Krieg, Waldkirch
Andreas Gerhardt, Freiburg:
Titelbild, Seiten 12, 18, 39, 46

Layoutentwurf:
Network!, München

Gesamtproduktion:
Carsten Schorn, Merzhausen

Druck:
Himmer, Augsburg

Wir sind für Sie da, wenn Sie Fragen haben. Und wir interessieren uns für Ihre eigenen Ideen und Anregungen. Schreiben Sie uns, wir hören gerne von Ihnen!
Ihr Christophorus-Team

Christophorus-Verlag GmbH
Hermann-Herder-Str. 4
79104 Freiburg
Tel. 0761/27 17 - 0
Fax 0761/27 17 - 352
oder e-mail:
info@christophorus-verlag.de

3-419-53243-1

3-419-53240-7

3-419-53241-5

CHRISTOPHORUS